BEI GRIN MACHT SICH IHR
WISSEN BEZAHLT

- Wir veröffentlichen Ihre Hausarbeit,
  Bachelor- und Masterarbeit

- Ihr eigenes eBook und Buch -
  weltweit in allen wichtigen Shops

- Verdienen Sie an jedem Verkauf

Jetzt bei www.GRIN.com hochladen
und kostenlos publizieren

Bibliografische Information der Deutschen Nationalbibliothek:

Die Deutsche Bibliothek verzeichnet diese Publikation in der Deutschen National-
bibliografie; detaillierte bibliografische Daten sind im Internet über http://dnb.d-
nb.de/ abrufbar.

Impressum:

Copyright © 2009 GRIN Verlag, Open Publishing GmbH
Druck und Bindung: Books on Demand GmbH, Norderstedt Germany
ISBN: 9783640412563

Dieses Buch bei GRIN:

http://www.grin.com/de/e-book/133970/der-schoene-neue-praeventionsstaat

Roland Sonntag

Der schöne neue Präventionsstaat

Sicherheitsgesetzgebung, staatliche Überwachung und die daraus resultierenden Gefahren für Demokratie und Rechtsstaatlichkeit in der Bundesrepublik Deutschland

GRIN Verlag

GRIN - Your knowledge has value

Der GRIN Verlag publiziert seit 1998 wissenschaftliche Arbeiten von Studenten, Hochschullehrern und anderen Akademikern als eBook und gedrucktes Buch. Die Verlagswebsite www.grin.com ist die ideale Plattform zur Veröffentlichung von Hausarbeiten, Abschlussarbeiten, wissenschaftlichen Aufsätzen, Dissertationen und Fachbüchern.

Besuchen Sie uns im Internet:

http://www.grin.com/

http://www.facebook.com/grincom

http://www.twitter.com/grin_com

Der „schöne, neue" Präventionsstaat.

Sicherheitsgesetzgebung, staatliche Überwachung und die daraus resultierenden Gefahren für Demokratie und Rechtsstaatlichkeit in der Bundesrepublik Deutschland

von

Roland Sonntag, Soziologe M.A.

Einleitung

Die Überwachungsskandale im Bereich der Privatwirtschaft scheinen kein Ende zu nehmen. Berichte über die Spitzelpraktiken des Lebensmitteldiscounters LIDL, der Drogeriekette Schlecker, der Deutschen Telekom, der Deutschen Bahn und anderer Großunternehmen häufen sich. Nun dürfte es kaum verwundern, dass sich in dieser Gemengelage zahlreiche Regierungspolitiker versuchen, zum Kämpfer für Datenschutz und Bürgerrechte zu stilisieren. Zumindest bemerkenswert erscheint aber, dass im Zuge dieser Diskussion die staatlichen Überwachungspraktiken gleichzeitig immer wieder relativiert werden. Paradigmatisch erscheinen hierzu die Verlautbarungen des innenpolitischen Sprechers der SPD-Fraktion im Deutschen Bundestag Dieter Wiefelspütz gegenüber der Passauer Neuen Presse: Big Brother lauere eher in der Privatwirtschaft als bei Vater Staat. Solch eklatanten Verstöße und Missbräuche wie bei Lidl oder der Telekom seien im staatlichen Bereich nicht denkbar.[1]

Doch denkbar ist bekanntlich vieles, wenn auch nicht für einen Herrn Wiefelspütz.

Fakt ist, die Optionen staatlicher Überwachung sind in den letzten Jahren, meist unter Verweis auf eine gestiegene Terrorbedrohung, in drastischer Weise ausgebaut worden.

Im nachfolgenden Aufsatz soll der Frage nachgegangen werden, wie die verstärkten staatlichen Überwachungstendenzen einzuordnen sind, und welche Gefahren von diesen sog. Sicherheitsgesetzen für unsere Demokratie und das Prinzip der Rechtsstaatlichkeit ausgehen.

Im ersten Teil der Arbeit wird zunächst der immer weiterreichende Umfang des staatlichen Überwachungspotentials an Hand des Gesetzes zur Datenvorratsspeicherung illustriert. Anschließend soll die Bedrohung der deutschen Bevölkerung durch den internationalen Terrorismus erörtert werden, mit der die neue Sicherheitsarchitektur meist gerechtfertigt wird, insbesondere in Relation zu Gefahren des alltäglichen Lebens. Zudem werden Sinn und Zweck der von staatlichen Stellen verlautbarten Warnungen vor islamistisch motivierten Terroranschlägen kritisch hinterfragt..

Im zweiten Teil des Aufsatzes werden die Gefahren für Demokratie und Rechtsstaatlichkeit aufgezeigt, die mit dem Ausbau der neuen Sicherheitsgesetzgebung einher gehen: So die drohende Errosion des grundlegenden rechtsstaatlichen Prinzips der Unschuldsvermutung und die daraus folgenden Implikationen.

---

[1] Vgl. **Passauer Neue Presse**
„Nur die Spitze des Eisbergs" vom 20.08.2008. SPD-Innenexperte Wiefelspütz im PNP-Interview zu Datenmissbrauch

Im dritten Teil der Arbeit soll exemplarisch am Beispiel des BKA-Gesetzes die problematische Tendenz der gegenwärtigen Sicherheitspolitik aufgezeigt werden, sich über rechtliche Beschränkungen des Bundesverfassungsgerichts in Karlsruhe hinwegzusetzen. Zudem werden die mit den Sicherheitsgesetzen einhergehenden Handlungsspielräume staatlicher Geheimbehörden kritisch hinterfragt, insbesondere mit Blick auf die unzureichende Kontrolle derselben.

Im vierten und letzten letzten Teil des Aufsatzes wird schließlich in Frage gestellt, dass sich der Ausbau staatlicher Überwachung vorrangig oder gar ausschließlich mit der gewachsenen Bedrohung durch islamistische Terroristen erklären lässt Zudem werden Indizien für die These vorgebracht, dass die neue Sicherheitsgesetzgebung auch darauf abzielt, ein potentielles Protestpotential einzuhegen, das sich als Nebenfolge des fortschreitenden Sozialabbaus und einer wachsenden sozialen Ungleichheit in der Bevölkerung ergeben könnte.

Teil 1

Das Gesetz zur Datenvorratsspeicherung und das daraus resultierende staatliche Überwachungspotential

Im Zuge der verheerenden Terroranschläge vom 11. September 2001 wurden in der Bundesrepublik zahlreiche Gesetzespakete verabschiedet, die den deutschen Strafverfolgungsbehörden, und dazu zählen auch demokratisch kaum kontrollierte Geheimdienste wie Bundesnachrichtendienst, Verfassungsschutz und Militärischer Abschirmdienst, eine kaum zu überblickende Vielfalt an Überwachungsoptionen zur Verfügung stellen.

Das ganze Ausmaß des staatlichen Überwachungspotentials lässt sich beispielhaft am Gesetz zur Datenvorratsspeicherung illustrieren: Dieses schreibt den Telekommunikationskonzernen vor, die Verbindungsdaten der Telefon-/Internetanschlüsse ihrer Kunden für sechs Monate zu speichern und staatlichen Stellen gegebenenfalls darauf Zugriff zu gewähren. Damit ist es den Strafverfolgungsbehörden theoretisch möglich, nahezu jedes Gesellschaftsmitglied in einen Gläsernen Bürger zu transformieren.

So lässt sich unter Rückgriff auf die Internetverbindungsdaten jede Website, die von einer Person aufgerufen wurde, und jeder Adressat bzw. Absender einer E-Mail rekonstruieren. Auch die Gesprächspartner von Telefonaten, der Zeitpunkt und die Dauer von Telefongesprächen können so nachvollzogen werden.

Werden die Verbindungsdaten eines Bürgers professionell analysiert, ist es problemlos möglich, ein durch bemerkenswert intime Details gefüttertes Profil der Zielperson zu erstellen. Einerseits können mit Hilfe der gespeicherten Telefon- und E-Mail-Kontakte weitreichende Rückschlüsse auf den Freundes- und Bekanntenkreis und/oder Geschäftspartner gezogen werden. Andererseits ermöglichen die Funkzellendaten all jener Mobilfunkkunden, die ihr Handy meist bei sich tragen (was wohl auf eine nennenswerte Anzahl der Nutzer zutreffen dürfte), die Erstellung aussagekräftige Bewegungsmuster und Aktionsradien, die weitreichende Einblicke in das Leben der Bürger bzw. ihren Alltag gewähren.

Damit sind die Strafverfolgungsbehörden aber theoretisch in der Lage in Erfahrung zu bringen, wann und wie oft eine Person gewöhnlich ihre Wohnung verlässt, an welchen Orten sie (in ihrer Freizeit) am häufigsten anzutreffen ist, ob sie regelmäßig verreist oder überwiegend zu Hause bleibt, um nur eine kurze Auswahl wiederzugeben.

Nutzt die Person das Internet, gestatten die Verbindungsdaten zudem Einsicht in ihre Vorlieben und Interessen. Die genutzten Informationsquellen im Internet (z.b. Bravo oder Le Monde), die Suchanfragen (z.b. Sex oder Konstruktivismus) und die online gekauften Waren (z.b. die neue Tokio Hotel CD oder die Gesamtausgabe von Lenins Schriften) ermöglichen die Erstellung eines weitreichenden Persönlichkeitsprofils.

Terrorgefahr und Instrumentalisierung von Ängsten

Diese weitreichenden Überwachungsoptionen werden von den Apologeten der neuen Sicherheitsgesetzgebung meist mit dem Verweis auf die Gefahren des islamistischen Terrorismus gerechtfertigt. Es gehe lediglich darum die Bevölkerung zu schützen. Und wer nichts zu verbergen habe, der habe ja auch nichts zu befürchten.

Zweifellos stellt der islamistisch geprägte Terrorismus ein Faktum dar. Allerdings bleibt festzuhalten, dass die Bundesrepublik bislang glücklicherweise von islamistisch motiviertem Terror verschont geblieben ist. Sieht man von den sog. Ehrenmorden ab, gibt es in der BRD im neuen Jahrtausend noch keine Todesopfer durch islamistisch motivierten Terrorismus zu beklagen. Selbst wenn man einige Jahrzehnte in der bundesrepublikanischen Geschichte zurückblickt und terroristische Aktivitäten anderer extremistischer Gruppierungen in die Gefahrenanalyse mit einbezieht, so erscheint die Bedrohung der deutschen Bevölkerung durch terroristische Aktivitäten in Relation zu weitaus banaleren Gefahren des täglichen Lebens relativ gering.

Denn die statistische Wahrscheinlichkeit einem Terroranschlag zum Opfer zu fallen ist „selbst in sehr gefährdeten Ländern wie Großbritannien und den USA verschwindend gering (...). Die eigentlichen großen Gefahren für unser Leben lauern hauptsächlich im Straßenverkehr, in Krankheiten, im Alkohol- und Drogenmissbrauch und in schlechten Ernährungsgewohnheiten."[2] So kamen im Jahr 2007, trotz abnehmender Tendenz, immer noch fast 5000 Menschen auf den Straßen der BRD ums Leben.[3] Folgt man der

---

[2]   **Ström, Pär**
Privatsphäre ist wie Sauerstoff. Der Kampf gegen den Terror darf die Bürgerrechte nicht gefährden, abgedruckt in der Zeitschrift „Das Parlament", Ausgabe 34/2006, abgerufen im Internet am 19.06.2008 unter:
http://www.bundestag.de/dasparlament/2006/34-35/Titelseite/002.html
[3]   **Statistisches Bundesamt**
Erstmals weniger als 5000 Verkehrstote im Jahr 2007, Pressemitteilung Nr. 071 vom 25.02.2008: abgerufen im Internet am 17.06.2008 unter:
http://www.destatis.de/jetspeed/portal/cms/Sites/destatis/Internet/DE/Presse/pm/2008/02/PD08__071__46241.ps
ml

Risikoforschung wäre es angebrachter sich vor Dränglern auf der Autobahn zu fürchten als vor heimtückischen Terrorkommandos aus dem Orient.

Sicher, eine derartige Perspektive lässt außer Acht, dass Terroranschläge mit Massenvernichtungswaffen oder aber Attacken auf sensible Bereiche, wie z.b. Atomkraftwerke riesige Opferzahlen nach sich ziehen könnten.

Allerdings stellt sich die Frage, wie realistisch derartige Szenarien wirklich sind. Hat sich doch im Gefolge des Irak-Kriegs neuerlich gezeigt, wie vorsichtig man mit den Schreckensszenarien von Geheimdiensten umgehen sollte. Man denke an die „Smoking Gun", die der damalige US-Außenminister Colin Powell der Weltöffentlichkeit bei seinem peinlichen Auftritt vor dem UN-Sicherheitsrat präsentierte. Auch sei daran erinnert, dass die in den USA verschickten Anthrax-Sporen nicht aus dem Umfeld radikaler Muslime stammten, sondern aus einem Forschungslabor des Pentagons.. Über die tatsächliche Bedrohung der deutschen Bevölkerung durch islamistisch motivierten Terrorismus lässt sich wahrscheinlich nur spekulieren.

Und diese Bedrohung wird immer wieder aufs neue aufgebauscht. Denn es vergeht kaum eine Woche, ohne dass von einer der einschlägigen staatlichen Behörden (BKA, BND, Verfassungsschutz oder Bundesanwaltschaft) nebulöse Terrorwarnungen verbreitet werden. Derartige Kassandraklänge sind auch häufig von Bundesinnenminister Wolfgang Schäuble zu vernehmen. So etwa in einem Interview mit der Frankfurter Allgemeinen Sonntagszeitung, als er über die Möglichkeit eines terroristischen Anschlags mit Nuklearwaffen fabulierte: „Viele Fachleute sind inzwischen überzeugt, dass es nur noch darum geht, wann solch ein Anschlag kommt, nicht mehr, ob."[4]

Dem kritischen Beobachter stellt sich die Frage, welchen Sinn derartige Unkenrufe haben. Soll die Bevölkerung tatsächlich schlicht und einfach gewarnt werden?

Aber wäre dies der Fall, wie sollte der einfache Bürger mit derartigen Warnungen umgehen? Soll er Essensvorräte anlegen, sich mit Gasmasken versorgen und/oder einen Bunker bauen? Soll er allen Ernstes nach verdächtigen Muslimen Ausschau halten?

Soll er gar Menschen denunzieren, die sich nicht so verhalten und die nicht so aussehen, wie es seiner Vorstellung von „Normalität" entspricht?

---

[4] **FAZ-Net**
Innere Sicherheit. Schäuble warnt vor Atom-Anschlag – Internetportal der Frankfurter Allgemeinen Zeitung vom 16.09.2007„ abgerufen im Internet am 14.08.08
unter:http://www.faz.net/s/Rub594835B672714A1DB1A121534F010EE1/Doc~EFDF112A654BD40C29D8E89 56A788810F~ATpl~Ecommon~Scontent.html

Bestenfalls lassen sich solche Verlautbarungen als eine Art Absicherung von Seiten der Behörden bzw. des Innenministers deuten, für den Fall, dass es tatsächlich zu einem Anschlag kommen sollte. Nach dem Motto, man habe ja schon immer davor gewarnt.

Derartige „Warnungen" können aber auch anders interpretiert werden. Nämlich als Versuch Angst innerhalb der Bevölkerung zu schüren, um eine größere Zustimmung für die Sicherheitsgesetzgebung und den damit verbundenen Ausbau der Handlungsspielräume von BKA, BND und Co. zu generieren. Und sie werden von den Massenmedien, wie es diesen zu eigen ist, meist unreflektiert und alarmistisch prozessiert werden.

Angst ist ja bekanntlich ein probat einsetzbares Herrschaftsmittel, das sich aus machiavellistischer Perspektive seit Jahrtausenden bewährt hat. So drängt zumindest der Eindruck auf als seien Teile der politischen Elite „eine Symbiose mit der mächtigen Medienindustrie eingegangen (...), die aus finanziellen Gründen den Terrorismus und andere Formen der Gewalt in einem Maße ausschlachtet, das objektiv nicht zu rechtfertigen ist."[5]

Teil 2

Die problematische Errosion des Grundsatzes der Unschuldsvermutung

Der Ausbau staatlicher Überwachungsmechanismen erscheint nicht zuletzt deshalb problematisch, da mit Verweis auf die Gefahren des Terrorismus selbst von führenden Politikern der BRD grundlegende Prinzipien der Rechtsstaatlichkeit in Frage gestellt werden. So wurde vom obersten Dienstherren der Deutschen Beamten, von Bundesinnenminister Wolfgang Schäuble, in einem Interview mit der Zeitschrift STERN die Auffassung vertreten, dass im Kampf gegen den Terrorismus die Unschuldsvermutung nicht länger gelten könne. Denn, so der ehemalige CDU-Vorsitzende: „Die Unschuldsvermutung heißt im Kern, das wir lieber zehn Schuldige nicht bestrafen als einen Unschuldigen bestrafen. (...) Wäre es richtig zu sagen: Lieber lasse ich zehn Anschläge passieren, als dass ich jemandem, der vielleicht keinen Anschlag begehen will, daran zu hindern versuche ? (...) Nach meiner Auffassung wäre dies

---

[5] **Ström, Pär**
Privatsphäre ist wie Sauerstoff. Der Kampf gegen den Terror darf die Bürgerrechte nicht gefährden, abgedruckt in der Zeitschrift „Das Parlament", Ausgabe 34/2006, abgerufen im Internet am 19.06.2008 unter:
http://www.bundestag.de/dasparlament/2006/34-35/Titelseite/002.html

falsch."[6] Der Grundsatz der Unschuldsvermutung habe zwar im Strafrecht seine Gültigkeit, nicht aber im Bereich der Gefahrenabwehr, das dem Polizeirecht zuzuordnen ist.

Doch das Polizeirecht bezieht sich nicht auf die Aufklärung und Verfolgung von Kriminalität, sondern auf deren Verhinderung. Dennoch gibt es in jüngster Vergangenheit vermehrt „die Tendenz die Mittel und Methoden, die im Strafrecht, also bei der Aufklärung und Verfolgung von Straftaten erlaubt, aber genau geregelt sind, auch im Polizeirecht anzuwenden – allerdings ohne die im Strafrecht vorgeschriebenen rechtsstaatlichen Kontrollen. Was man im Strafrecht nicht darf, macht man dann einfach als polizeirechtliche Maßnahme – durchsuchen, belauschen, verhaften. Und sagt, das dient doch alles der Gefahrenabwehr."[7]

Konkret bedeutet das aber nicht mehr und nicht weniger, als dass Personen, die noch keine Straftat begangen haben, nach Auffassung der Strafverfolgungsbehörden aber eine begehen *könnten*, weitaus strenger behandelt werden, als all jene, welche womöglich bereits einen Gesetzesbruch begangen haben. Die Grenze zwischen Schuldigen und Unschuldigen, zwischen Verdächtigen und Unverdächtigen wird somit aufgehoben.

Folgt man dieser Logik „gilt jeder Einzelne zunächst einmal als Risikofaktor, jeder Einzelne muss es sich daher gefallen lassen, dass er, ohne einen konkreten Anlass dafür geliefert zu haben, „zur Sicherheit" überwacht wird."[8]

<u>Der Aufbau eines Präventionsstaates und die Abkehr vom Tabu der Folter</u>

Heribert Prantl kommt zu der Einschätzung, dass es den Apologeten der sog. Sicherheitsgesetzgebung inzwischen gar nicht mehr um die Verfolgung von Kriminalität gehe, auch nicht vorrangig um die Verhinderung einzelner Straftaten. Vielmehr werde beabsichtigt eine Art Frühwarnsystem zu errichten. Und dabei werde nicht mehr zwischen Polizei und Geheimdienst unterschieden: „Es entsteht ein einheitliches vernetztes

---

[6] **Sueddeutsche.de**
Innere Sicherheit. Schäuble lehnt Unschuldsvermutung bei Terrorbekämpfung ab – Internetportal der Süddeutschen Zeitung, abgerufen am 16.04.2008 unter
http://www.sueddeutsche.de/deutschland/artikel/485/110375/
[7] **Das Gupta, Oliver**
Streit um Aufgabe der Unschuldsvermutung. „Schäubles Äußerungen erinnern an das alte Rom"- Interview mit Heribert Prantl, geführt von sueddeutsche.de, abgerufen im Internet am 16.04.2008 unter:
http://www.sueddeutsche.de/deutschland/artikel/548/110438/
[8] **Prantl, Heribert**
Der Terrorist als Gesetzgeber, in NZZ Folio 09/07, abgerufen im Internet am 16.04.2008 unter
http://www.nzzfolio.ch/www/d80bd71b-b264-4db4-afd0-277884b93470/showarticle/e96315c4-0cba-4db3-b9f4-c68d4d13f1e9.aspx

Sicherheitssystem, in dem geheimdienstliche (also rechtsstaatlich kaum kontrollierte) Ermittlungsmethoden allgemeiner Standard werden."[9] Der Rechtsstaat wird, so Prantl, in einen aus verfassungsrechtlicher Perspektive überaus fragwürdigen *Präventionsstaat* transformiert. Doch damit könnte die Büchse der Pandora geöffnet sein: Denn „wenn der Staat wirklich „alles" tun muss, um Sicherheit vor Terrorismus zu gewährleisten, dann ist die Politik noch lange nicht fertig: Dann müssen solche „Gefahrenpersonen" vorbeugend inhaftiert werden, die zwar noch keine Straftaten begangen haben, von denen die Behörden aber glauben, dass sie Straftaten begehen könnten. Die Logik des Präventionsstaates führt also zur Vorbeugehaft, auch langjährig, zur Schutzhaft, zur Langzeitquarantäne – wie immer man solch präventives Einsperren nennen möchte. Und ist es nicht geradezu eine Pflicht des Präventionsstaates, in den „Ticking-Bomb" Fällen zur Folter zu greifen?"[10]

Für manche Zeitgenossen mögen die von Heribert Prantl illustrierten, in den Vereinigten Staaten bekanntlich praktizierten Maßnahmen, mit Blick auf die Bundesrepublik übertrieben, wenn nicht gar alarmistisch klingen. Andererseits ist es doch zumindest bemerkenswert, dass der Bundesinnenminister kein Problem damit hat, auf Geständnisse zurückzugreifen, die mittels Folter erpresst wurden. Damit verliert das Folterverbot aber seine Glaubwürdigkeit. „Es wird verändert zu dem Verbot, sich selber die Hände schmutzig zu machen. Die Folter wird ausgelagert - die Nicht-Rechtsstaaten sollen sich die Hände schmutzig machen und dann die Ergebnisse beim angeblichen Rechtsstaat abliefern."[11]

Aus den Reihen der Wissenschaft, dem vermeintlichen Hort der Aufklärung, sind mitunter noch schrillere Töne zu vernehmen. So gehen die konservativen Professoren für Staatsrecht Winfried Brugger (Universität Heidelberg) und Matthias Herdegen (Universität Bonn) sowie der Professor für Neuere Geschichte Michael Wolffsohn (Universität der Bundeswehr München) noch weiter als Wolfgang Schäuble: Für sie ist die Würde des Menschen auch im Landesinnern durchaus antastbar, wenn auch nur „ausnahmsweise".[12]

---

[9]   Ebd.
[10]   Ebd.
[11]   **Sueddeutsche.de**
Streit um die Unschuldsvermutung. „Schäubles Äußerungen erinnern an das alte Rom". Drei Fragen an Heribert Prantl, Internetportal der Süddeutschen Zeitung vom 18.04.2007, abgerufen im Internet am 17.06.2008 unter:
http://www.sueddeutsche.de/,tt3m4/deutschland/artikel/548/110438/
[12]   Vgl. **Wesel, Uwe**
Das Fiasko des Strafrechts, Die ZEIT vom 01.12.2005, Nr.49, abgerufen im Internet am 17.06.2008 unter:
http://www.zeit.de/2005/49/A-Thomasius_neu?page=all

Winfried Brugger hatte bereits 1996 in der Zeitschrift *Der Staat* einen Aufsatz mit der Fragestellung *Darf der Staat ausnahmsweise foltern?* veröffentlicht und diese Frage bejaht.[13] Im Jahr 2000 gelangte er in der *Juristenzeitung* zu der Einschätzung, der Staat dürfe nicht nur, vielmehr müsse er in bestimmten Fällen Folter anwenden.[14] Denn so Brugger, Folter sei nicht gleich Folter, vielmehr könne sie, je nach Sachlage, etwa in einem „Ticking-Bomb"-Szenario zur sog. „Rettungsfolter" werden.[15]

In ein ähnliches Horn stieß im Jahre 2003 Matthias Herdegen von der Universität Bonn in seiner Neuinterpretation des Artikel 1 des Grundgesetzes im konservativen Grundgesetz-Kommentar „Maunz-Dürig". So degradierte er die Fundamentalnorm unserer Verfassung „Die Würde des Menschen ist unantastbar", die folgerichtig jede Folter kategorisch ausschließt, zu einem normalen Grundrecht, das man, wie andere Grundrechte auch, einschränken könne.[16] Mit diesem advokatischen Winkelzug stellte er Bruggers „Rettungsfolter" als verfassungsrechtlich abgesichert dar.

Auch für Professor Michael Wolffsohn von der Universität der Bundeswehr in Münschen ist die Anwendung von Folter kein Tabu. In einem Fernseh-Interview beantwortete er die Frage, ob im Kampf gegen Terroristen auch Folter angewendet werden dürfte eindeutig: „Als eines der Mittel gegen Terroristen halte ich Folter oder die Androhung von Folter für legitim. Jawohl."[17]

---

[13] **Brugger, Winfried**
Darf der Staat ausnahmsweise foltern?, in: Der Staat. Zeitschrift für Staatslehre und Verfassungsgeschichte, deutsches und europäisches öffentliches Recht, Nr. 35 (1996), S. 67-97
[14] Vgl. **Wesel, Uwe**
Das Fiasko des Strafrechts, Die ZEIT vom 01.12.2005, Nr.49, abgerufen im Internet am 17.06.2008 unter: http://www.zeit.de/2005/49/A-Thomasius_neu?page=all
[15] **Brugger,Winfried**
Einschränkung des absoluten Folterverbots bei Rettungsfolter ?, in der Zeitschrift der Bundeszentral für politische Bildung „Politik und Zeitgeschichte" Ausgabe Nr.36/2006, abgerufen im Internet am 18.06.2008 unter:
http://www.bpb.de/publikationen/MLOOVS,0,0,Einschr%E4nkung_des_absoluten_Folterverbots_bei_Rettungsf olter.html#art0
[16] Vgl. **Wesel, Uwe**
Das Fiasko des Strafrechts, Die ZEIT vom 01.12.2005, Nr.49, abgerufen im Internet am 17.06.2008 unter: http://www.zeit.de/2005/49/A-Thomasius_neu?page=all
[17] Vgl. **Weiland, Severin**
Bundeswehrprofessor räsoniert über Vorzüge der Folter, aufgerufen auf dem Internetportal des Magazin Der Spiegel vom 11.05.2004, abgerufen im Internet am 22.08.2008 unter:
http://www.spiegel.de/politik/deutschland/0,1518,299381,00.html

Kapitel 3

Der kalkulierte Verfassungsbruch und das Regulativ Bundesverfassungsgericht

Nicht selten ist in Diskussionen über den Ausbau staatlicher Überwachungsmaßnahmen zu vernehmen, dass man sich im Notfall auf das Bundesverfassungsgericht (BVG) in Karlsruhe verlassen könne. Dieses werde gegebenenfalls einschreiten und den Übertreibungen staatlicher Stellen ein Ende bereiten. Als Beleg für diese Einschätzung werden meist die abschlägigen Urteile des BVG zu unterschiedlichen sog. Sicherheitsgesetzen angeführt: So zum „Großen Lauschangriff", zum deutschen Gesetz zur Einführung des Europäischen Haftbefehls, zur Rasterfahndung, zum sog. Luftsicherheitsgesetz und zur Online-Überwachung, um nur eine kurze Auswahl wiederzugeben.

Eine derartige Argumentation erscheint aber nur auf den ersten Blick überzeugend. Kann es doch Jahre dauern bis ein verfassungswidriges Gesetzeswerk vom chronisch überlasteten BVG gekippt wird. So wurde das sog. Verbrechensbekämpfungsgesetz aus dem Jahre 1994 bekanntlich erst im Jahre 1999 in Teilen als verfassungswidrig eingestuft. Bis es zum obersten Richterspruch kommt, sind folglich bereits zahlreiche Menschen von zum Teil überaus unangenehmen, genauer gesagt verfassungswidrigen Maßnahmen betroffen.

Wie etwa im Falle des bereits im Jahre 1998 verabschiedeten „Gesetz zur Bekämpfung der organisierten Kriminalität", das in den Medien meist als „Großer Lauschangriff" bezeichnet wurde. In seiner Entscheidung vom 3. März 2004 war das BVG zu der Einschätzung gelangt, dass große Teile des Gesetzes gegen die Menschenwürde verstoßen und deshalb verfassungswidrig sind.[18] Das Verfassungsgericht stellte ausdrücklich fest: „Führt die (...) akustische Wohnraumüberwachung gleichwohl zur Erhebung von Informationen aus dem absolut geschützten Kernbereich privater Lebensgestaltung, muss sie abgebrochen werden und Aufzeichnungen müssen gelöscht werden; jede Verwertung solcher Informationen ist ausgeschlossen."[19]

Doch die Entscheidungsträger der Politik scheinen dieses Urteil kaum zur Kenntnis genommen zu haben. Vielmehr legt etwa das sog. „Gesetz zur Abwehr von Gefahren des

---

[18] Vgl. **Bundesverfassungsgericht**
BVerfG, 1 BvR 2378/98 vom 3.3.2004, Absatz-Nr. (1 - 373), abgerufen im Internet am 22.08.2008 unter:
http://www.bverfg.de/entscheidungen/rs20040303_1bvr237898.html
[19] Ebd.

internationalen Terrorismus durch das Bundeskriminalamt"[20] (kurz: „BKA-Gesetz") den Eindruck nahe, dass zumindest von einigen Anhängern der neuen sicherheitspolitischen Architektur ein Verfassungsbruch bewußt einkalkuliert wird.

So (schein)legalisiert das BKA-Gesetz den vermehrten Einsatz verdeckter Ermittler, das Abhören von Telefongesprächen, das Ausspionieren von Privatcomputern und sogar die Überwachung von Privatwohnungen mit Videokameras. Und man muss kein Prophet sein, um zu prognostizieren, dass bei der Observation von Privatwohnungen auch Unschuldige und Unverdächtige in den Fokus staatlicher Spitzelei geraten.

Weitgehend unberücksichtigt bleibt im BKA-Gesetzes, dass das BVG in seinen Entscheidungen immer wieder betont hat, dass Eingriffe in persönliche Freiheiten und die Privatsphäre der Bürger stark eingegrenzt werden müssen und einer strengen Kontrolle zu unterliegen haben. Dies ist hier nur unzureichend der Fall: „Das BKA-Gesetz (...) sieht dafür zwei keineswegs unabhängige Beamte aus dem eigenen Haus vor, begleitet vom BKA-Datenschutzbeauftragten, unter der "Sachleitung" eines Gerichts. Was das bedeutet, bleibt – wohl mit Absicht – unklar."[21] Bemerkenswert erscheint aber auch, dass die Betroffenen von „Abhör-, Lausch- und Spähangriffen nicht informiert werden (müssen) – auch wenn sie sich als sinnlos erwiesen haben. Es liegt ganz im Verwaltungsermessen, den sogenannten Grundrechtsträgern irgendwann oder gar nicht mitzuteilen, dass ihre Grundrechte vom Staat massiv verletzt worden sind."[22]

Zudem weicht das Gesetz „das Trennungsgebot zwischen dem BKA und dem Bundesnachrichtendienst auf; es droht ein polizeilicher Machtkomplex neuen Typs zu entstehen, halb CIA, halb FBI."[23] Die Arbeit von Geheimdiensten und Polizei wird in einer Qualität miteinander verwoben, die schwerlich mit dem verfassungsrechtlichen Trennungsgrundsatz der unterschiedlichen Institutionen in Einklang gebracht werden kann. Dies zieht überaus unangenehme Assoziationen nach sich, hat die deutsche Bevölkerung im vergangenen Jahrhundert doch bekanntlich überaus verhängnisvolle Erfahrungen mit dem Wirken von Geheimpolizeibehörden gemacht.

---

[20] **Bundesgesetzblatt**
Jahrgang 2008, Teil I Nr. 66, ausgegeben zu Bonn am 31.08.2008 - Das „Gesetz zur Abwehr von Gefahren des internationalen Terrorismus durch das Bundeskriminalamt" im Wortlaut, abgerufen im Internet am 14.05.2009 unter: http://www.bgblportal.de/BGBL/bgbl1f/bgbl108s3083.pdf
[21] **Naumann, Michael**
Jeder ist verdächtig. Verfassungsklage gegen neues BKA-Gesetz , in der Wochenzeitung Die ZEIT/ Nr. 18/2009 vom 23.04.2009, abgerufen im Internet am 15.07.2009 unter: http://www.zeit.de/2009/18/BKA-Gesetz?page=all
[22] Ebd.
[23] Ebd.

Die unzureichende Kontrolle staatlicher Geheiminstitutionen

Ein gesundes Maß an Misstrauen erscheint gegenüber den staatlichen Geheiminstitutionen wie dem BND oder dem Verfassungsschutz ohnehin angebracht. Man denke an die zahlreicher Skandale der jüngeren Vergangenheit (z.b. die CIA-Flüge auf BRD-Territorium, der Fall El Masri, der Fall Zammar, die BKA-Befragungen in Beirut, die Tätigkeit zweier BND-Mitarbeiter in Bagdad während des Irak-Krieges ...). Dennoch wurden die Kompetenzen der deutschen Schattenmänner in den vergangenen Jahren ständig ausgeweitet. Und das, obwohl offenkundig keine funktionsfähige Kontrolle dieser Dienste besteht. So kann das sog. „Parlamentarische Kontrollgremium" kaum mehr als ein Feigenblatt taugen.

Damit soll keineswegs in Abrede gestellt werden, dass der Ausschuss, etwa in Person von Hans-Christian Ströbele, um eine größtmögliche Kontrolle der Geheimbehörden bemüht ist. Allerdings bedarf es doch einer bemerkenswerten Naivität, um anzunehmen, dass die derzeit neun Mitglieder des Parlamentarischen Kontrollgremiums eine nennenswerte Überwachung der deutschen Geheimdienste leisten könnten. So beschäftigte im Jahre 2006 allein der Bundesnachrichtendienst ca. 6000 Mitarbeiter.[24] Erschwerend hinzu kommt, dass bei jedem Geheimdienst, auch beim BND, das Tarnen, Verschleiern und Täuschen zum elementaren Handwerkszeug zählen dürfte. Wenig hilfreich für eine funktionierende Kontrolle erscheint zudem, dass es sich bei den Mitgliedern des Parlamentarischen Kontrollgremiums um Bundestagsabgeordnete handelt, die infolge ihrer Verpflichtungen als Mandatsträger, nur eine begrenzte Zeit ihres Arbeitspensums für ihre Tätigkeit aufbringen können. Bezeichnend wie es um die tatsächliche parlamentarische Kontrolle des BND bestellt ist, lässt sich etwa an Hans-Christian Ströbeles Erklärung zum Ankauf von Liechtensteiner Bankdaten durch Mitarbeiter des Dienstes ablesen:

„Als Mitglied des Parlamentarischen Kontrollgremiums war ich auf die Informationen aus den Medien angewiesen. Vor der Fernsehsendung gab es nicht den geringsten Hinweis der Bundesregierung an das Parlament. Wieder einmal musste die rechtzeitige parlamentarische Kontrolle der Tätigkeit des BND schon deshalb scheitern, weil die Bundesregierung nicht unterrichtet hatte, obwohl es sich doch ganz offensichtlich um einen Vorgang von besonderer Bedeutung handelte. Die zweijährige Operation des BND war verschwiegen worden, obwohl die Bundesregierung verpflichtet ist, dem PKG genau über solche Vorgänge von besonderer

---

[24] Vgl. **Bundesregierung**
50 Jahre Bundesnachrichtendienst vom 11.05.2006, abgerufen im Internet am 21.08.2008 auf der Homepage der Bundesregierung unter: http://www.bundesregierung.de/nn_1498/Content/DE/Rede/2006/05/2006-05-11-50-jahre-bundesnachrichtendienst.html

Bedeutung bei den Diensten zeitnah zu berichten. Genau diese Formulierung steht in § 2 PKG-Gesetz."[25]

Kapitel 4

Der Ausbau staatlicher Überwachung als Folge einer wachsenden sozialen Ungleichheit ?

Es lässt sich in Frage stellen, dass die Verabschiedung von sog. Sicherheitsgesetzen und das damit verbundene Beschneiden von Bürgerrechten tatsächlich vorrangig oder gar ausschließlich auf eine gestiegene islamistische Terrorgefahr zurückzuführen ist und damit hinreichend erklärt werden kann. Hatte es doch bereits in den 90er Jahren nahezu deckungsgleiche Bestrebungen gegeben (Stichwort: Großer Lauschangriff); nur wurden damals nicht die Gefahren des Terrorismus, sondern jene, die der Organisierten Kriminalität beschworen.

Vielmehr drängt sich mitunter der Eindruck auf, als passten sich die Rechtfertigungen für den Ausbau staatlicher Überwachung der massenmedialen Großwetterlage an. Wird sie von ihren Befürwortern doch immer häufiger als eine Art „Universaltonikum" angepriesen, das sich nicht nur im Kampf gegen den internationale Terrorismus und die organisierte Kriminalität anwenden lässt. Mal als unumgängliches Werkzeug zur Verfolgung von Sexualstraftätern , dann wiederum als probates Mittel um gegen U-Bahn-Schläger oder Hooligans vorzugehen.

In welche Richtung die immer weiterreichende staatliche Spitzelei zukünftig weisen könnte, lässt sich an Ermittlungsmethoden zur Überprüfung der Bedürftigkeit von Arbeitslosen ablesen, die der Tätigkeitsbericht 2008 des Unabhängigen Landeszentrums für Datenschutz Schleswig-Holstein publik gemacht hat.[26] Ein Außendienstmitarbeiter der ARGE hatte in Erfahrung bringen sollen, ob eine alleinerziehende Frau mit ihrem Nachbarn eine „eheähnliche Gemeinschaft" führt. In der schriftlichen Dokumentation des Gesprächs mit dem Nachbarn fanden sich Eintragungen, die einem Protokoll der Staatssicherheit der DDR zu entstammen scheinen: „Zu Beginn des Besuches wirkt Herr XY entspannt und ausgeruht, sein

---

[25] **Stroebele, Hans-Christian**
„Wirksamere Kontrolle der Geheimdienste" vom 06.03.2008, abgerufen im Internet auf der Homepage des MdB am 20.08.2008 unter: http://www.stroebele-online.de/themen/geheimdienste/1107246.html
[26] Vgl. **Unabhängiges Landeszentrum für Datenschutz Schleswig-Holstein**
Tätigkeitsbericht 2008 des Unabhängigen Landeszentrums für Datenschutz Schleswig-Holstein, abgerufen im Internet am 22.08.2008 unter: https://www.datenschutzzentrum.de/material/tb/tb30/tb30.pdf

Gesicht ist eher blass. Er erscheint weder verschwitzt noch abgehetzt. Dagegen bilden sich zum Ende des Gespräches Schweißperlen auf seiner Oberlippe."[27] Zudem ist zumindest auffällig, dass der Ausbau staatlicher Überwachung mit dem Abbau sozialstaatlicher Leistungen (Stichwort: Hartz IV) und einer wachsenden sozialen Ungleichheit und Unzufriedenheit innerhalb der Bevölkerung der Bundesrepublik korreliert. Auch lässt sich nicht leugnen, dass in der vergleichsweise reichen Bundesrepublik eine zunehmende Renaissance der Armut zu verzeichnen ist. Immer mehr Gesellschaftsmitglieder rutschen aus der Mittelschicht ins untere Einkommenssegment ab.

So sank der Anteil der Mittelschicht an der Gesamtbevölkerung von 62 Prozent im Jahr 2000 auf 54 Prozent im Jahr 2006. [28] Und bereits vor dem Ausbruch der weltweiten Wirtschafts- und Finanzkrise ließ sich demoskopisch eine wachsende Unzufriedenheit der Bürger über die ökonomischen Verhältnisse in der Bundesrepublik ablesen. Im Mai 2008 beantworteten 73 % der Teilnehmer einer von der Bertelsmann-Stiftung in Auftrag gegebenen, repräsentativen Umfrage, die Frage „Wie sehen Sie das: Sind die wirtschaftlichen Verhältnisse bei uns in der Bundesrepublik – ich meine, was die Menschen besitzen und was sie verdienen – im Großen und ganzen gerecht oder nicht gerecht ?" mit „Nicht gerecht":[29] Damit ist die Zahl der Unzufriedenen aber steil angestiegen. Im Jahre 2007 empfanden „nur" „ (...) 56 Prozent der Deutschen die Einkommenverhältnisse als ungerecht. Noch 1995 lag die Zahl derjenigen, die die Verhältnisse als gerecht beurteilten (39 Prozent), und, die sie als ungerecht empfanden (43 Prozent) nahezu gleichauf."[30]

Eine unzufriedene, von Degradationsängsten geplagte Bevölkerung, so lehrt die Geschichte, bietet aber bekanntlich einen guten Nährboden für soziale Spannungen und Konflikte. So sieht es offenkundig auch die SPD-Kandidatin für das Amt des Bundespräsidenten Gesine Schwan. Mit Blick auf die gegenwärtige Wirtschafts- und Finanzkrise verlautbarte sie gegenüber dem Münchner Merkur: „Wenn sich dann kein Hoffnungsschimmer auftut, dass

---

[27] Ebd, S. 47
[28] **Deutsches Institut für Wirtschaftsforschung**
DIW Berlin, 75. Jahrgang, 5. März 2008, Wochenbericht: Schrumpfende Mittelschicht – Anzeichen einer dauerhaften Polarisierung der verfügbaren Einkommen?, abgerufen am 29.05.2008 unter:
http://www.diw-berlin.de/documents/publikationen/73/79586/08-10-1.pdf
[29] **BürgerForum Soziale Marktwirtschaft**
Bürgerprogramm Soziale Marktwirtschaft – Ergebnisse einer repräsentativen Bürgerumfrage zu den Vorschlägen des BürgerForums Soziale Marktwirtschaft, S.6, abgerufen am 17.06.2008 im Internet unter:
http://www.bertelsmann-stiftung.de/cps/rde/xbcr/SID-0A000F0A-
F9EFBB19/bst/xcms_bst_dms_24744_24745_2.pdf
[30] **Schäfer, Ulrich**
Deutsche zweifeln am Kapitalismus, in Süddeutsche Zeitung vom 17.06.2008, S.17

sich die Lage verbessert, dann kann die Stimmung explosiv werden. Schließlich gibt es seit Jahren in Deutschland ein Unbehagen über die wachsende soziale Kluft."[31] Und dies dürfte auch den Sicherheitsbehörden bewußt sein. Es stellt sich insofern die Frage, ob die fortschreitende sog. Sicherheitsgesetzgebung nicht auch der Angst politischer Eliten geschuldet ist, dass der soziale Abstieg immer breiterer Bevölkerungsschichten zu Protesten führen könnte, die nicht notwendigerweise gewaltfrei bleiben müssen. Wie schnell sich eine Protestbewegung entwickeln kann, lies sich an den sog. Montagsdemonstrationen im Gefolge der Hartz-VI-Gesetzgebung ablesen. Insbesondere in Ostdeutschland konnten die Initiatoren zehntausende Betroffene und Sympathisanten zu, dies sei aber betont, friedlichen Protestzügen mobilisieren.

Zielt der Ausbau staatlicher Überwachung also möglicherweise auch darauf ab, ein potentielles Protestpotential einzuhegen, das sich als Nebenfolge des neoliberalen Umbaus der bundesrepublikanischen Wirtschaftsordnung ergeben könnte ?

Die Bespitzelung von Kritikern des Sozialabbaus

Auffällig ist jedenfalls, dass häufig jene Politiker und Aktivisten unter einer verstärkten Observation der bundesrepublikanischen Kontrollorgane stehen oder standen, welche die gegenwärtige Ausrichtung der Wirtschaftspolitik und den fortschreitenden Abbau des Sozialstaats kritisieren.

So etwa der Bundestagsabgeordnete und stellvertretende Fraktionsvorsitzende Bodo Ramelow, dessen Überwachung von Vertretern des Verfassungsschutzes mit einem angeblich „konkreten und verdichteten Verdacht in Bezug auf extremistische Bestrebungen" begründet wurde.[32] Wie konkret und verdichtet dieser Verdacht tatsächlich war, offenbarte das Urteil des Oberverwaltungsgerichts Münster, das die Überwachung als rechtswidrig einstufte.[33]

Dass auch kritische Wissenschaftler leicht ins Fadenkreuz des staatlichen Kontrollapparates geraten können, darauf deutet die Bespitzelung des Berliner FU-Professors Peter Grottian und des Sozialwissenschaftlers Wilhelm Fehse. Die beiden Geisteswissenschaftler hatten sich im 2003 gegründeten Berliner Sozialforum engagiert, einem Bündnis unterschiedlicher linker

---

[31]   **Münchner Merkur**
„Bayern ist einfach ein wunderbares Land" – Interview des Münchner Merkur mit Gesine Schwan:, abgerufen im Internet am 15.07.2009 unter: http://www.merkur-online.de/nachrichten/politik/bayern-einfach-wunderbares-land-222258.html
[32]   Vgl. **ZEIT-Online**
Rechtswidrige Überwachung, Interneportal der Wochenzeitung Die ZEIT vom 17.01.2008, abgerufen im Internet am 16.04.2008 unter http://www.zeit.de/online/2008/04/urteil-klage-ramelow
[33]   Vgl. Ebd.

Gruppierungen, das vor allem gegen den Sozialabbau in Form der Hartz-IV-Gesetzgebung mobil machte. Dieses Sozialforum war von fünf V-Männern des Verfassungsschutzes unterwandert und bespitzelt worden. „Zu den Spionageopfern zählten auch Gewerkschaftsfunktionäre wie das Vorstandsmitglied des Deutschen Gewerkschaftsbundes Annelie Buntenbach, der Chef der Bildungsgewerkschaft GEW Ulrich Thöne und regionale Repräsentanten der Dienstleistungsgewerkschaft ver.di."[34] Peter Grottian fühlt sich wie ein Staatsfeind behandelt und kommt zu der Einschätzung: „Nicht ich bin ein Staatsfeind, sondern ein Verfassungsschutz, der außerparlamentarische Initiativen wie die unsere bespitzelt. Der Verfassungsschutz untergräbt damit die Demokratie."[35]

Zu denken geben sollte aber auch das Vorgehen der Bundesanwaltschaft im Falle des Berliner Soziologen Andrej H., der am 31.Juli 2007 unter dem Vorwurf der Mitgliedschaft in einer terroristischen Vereinigung verhaftet worden war. Der kritische Stadtsoziologe war seit September 2006 vom Bundeskriminalamt observiert worden, welches vermutete, dass er Mitglied, wenn nicht gar Kopf der mg (militante gruppe) sei, einer militanten, linksextremistischen Gruppierung, die unter anderem durch Brandanschläge auf Bundeswehrfahrzeuge in Erscheinung getreten war.

Doch in den insgesamt 29 Aktenordnern, welche die Bundesanwaltschaft über Andrej H. anlegen ließ, fanden sich zwar viele Details aus seinem Privatleben, allerdings keine konkreten Beweise, welche den drastischen Vorwurf der Mitgliedschaft in einer terroristischen Vereinigung hätte belegen können.[36] So urteilte der Bundesgerichtshof in seinem Beschluß vom 18.10.2007: „Die Voraussetzungen für den Erlass eines Haftbefehls liegen nicht vor; denn weder die bis zur Anordnung der Untersuchungshaft am 1. August 2007 noch die danach angefallenen Ermittlungsergebnisse begründen gegen den Beschuldigten einen dringenden Tatverdacht im Sinne des § 112 Abs. 1 Satz 1 StPO."[37]

---

[34] **Neuber, Harald**
Schlappe für Berliner Schlapphüte vom 04.02.2008, abgerufen im Internet am 18.04.2008 auf der Internetplattform Telepolis unter http://www.heise.de/tp/r4/artikel/27/27207/1.html
[35] **Tageszeitung (TAZ)**
Interview der Tageszeitung TAZ mit dem FU-Professor Grottian: Zum Staatsfeind stilisiert, vom 12.06.2006, abgerufen im Internet am 18.04.2008 unter: http://www.taz.de/index.php?id=archivseite&dig=2006/06/12/a0107
[36] **Schwentker, Björn**
Aufgebauschte Beweise, in ZEIT online vom 23.08.2007, abgerufen im Internet am 18.04.2008 unter: http://www.zeit.de/online/2007/34/wissenschaft-terrorverdacht-indizien?page=all
[37] **Bundesgerichtshof**
Bundesgerichtshof Beschluss StB 34/07 vom 18. Oktober 2007 in dem Ermittlungsverfahren gegen Andrej H. wegen Mitgliedschaft in einer terroristischen Vereinigung, S. 3, abgerufen am 29.05.2008 im Internet unter: http://juris.bundesgerichtshof.de/cgi-bin/rechtsprechung/document.py?Gericht=bgh&Art=pm&Datum=2007&Sort=3&anz=154&pos=0&nr=41487&linked=bes&Blank=1&file=dokument.pdf

Dem Soziologieprofessor der Humboldt-Universität Berlin und ehemaligen Doktorvater von Andrej H., Hartmut Häußermann, erscheint das Vorgehen der Staatsmacht gegen Andrej H. als Versuch „ein intellektuelles Milieu haftbar zu machen für gesetzeswidrige Aktivitäten, die sich zwar irgendwo mit der Richtung dieses Denkens rechtfertigen möchten, zu denen es aber keinen kausalen Zusammenhang gibt."[38] Er kommt zu der Einschätzung: „Wenn jemand radikal die Mängel unserer Demokratie kritisiert, und jemand anders begeht ein staatsfeindliches Verbrechen, dann ist daran doch nicht die Demokratiekritik schuld."[39]

Das Vorgehen des Präventionsstaates vor und während des G8-Gipfels in Heiligendamm 2007

Indizien für die These, dass der Ausbau staatlicher Überwachungsmaßnahmen auch auf Kritiker der neoklassischen Wirtschaftspolitik abzielt, lassen sich auch an den Maßnahmen staatlicher Behörden vor und im Zuge des G8-Gipfels in Heiligendamm im Jahre 2007 ablesen. So war das Camp der globalisierungskritischen Bewegung am 05.06.2007 von Aufklärungsflugzeugen des Typs Tornado überflogen worden. Dabei hatte man Luftaufnahmen vorgenommen.[40]

Bemerkenswert an diesem Vorgang erscheint insbesondere, dass die Überwachung mit militärischem Gerät vorgenommen wurde. Verlangt das Grundgesetz der BRD doch eine strikte Trennung der Aufgaben von Militär und Polizei. Zwar bietet Artikel 35 des Grundgesetzes durchaus die Möglichkeit der sog. „Amtshilfe" durch das Militär. Allerdings nur unter streng eingegrenzten Bedingungen, nämlich im Zuge einer Naturkatastrophe oder eines Unglücksfalls. So besagt Artikel 35, Absatz 2 des Grundgesetzes: „Zur Hilfe bei einer Naturkatastrophe oder bei einem besonders schweren Unglücksfall kann ein Land Polizeikräfte anderer Länder, Kräfte und Einrichtungen anderer Verwaltungen sowie des Bundesgrenzschutzes und der Streitkräfte anfordern." [41] Nun dürften aber wohl nur Kabarettisten den Besuch der Staatschefs der G8 als „Naturkatastrophen" oder „ besonders schweren Unglücksfall" deuten.

---

[38]   **ZEIT-Online**
Das Ende der kritischen Wissenschaft. Interview mit dem ehemaligen Doktorvater von Andrej Holm, Prof. Hartmut Häußermann, Interneportal der Wochenzeitung Die ZEIT vom 21.08.2008 abgerufen im Internet am 26.04.2008 unter: http://www.zeit.de/online/2007/34/wissenschaft-terrorverdacht-andrej?page=all
[39]   Ebd.
[40]   **Spiegel.de**
Bundeswehreinsatz – Tornado schoss im Tiefflug Bilder vom G-8-Protestcamp vom 12.06.2007, Internetportal des Magazins Der Spiegel, abgerufen im Internet am 15.08.2008 unter
http://www.spiegel.de/politik/deutschland/0,1518,488177,00.html
[41]   **Grundgesetz für die Bundesrepublik Deutschland**
Grundgesetz für die Bundesrepublik Deutschland. II. Der Bund und die Länder, Artikel 35, Absatz 3, abgerufen im Internet am 29.05.2008 unter: http://www.bundestag.de/parlament/funktion/gesetze/grundgesetz/gg_02.html

Dennoch kam es zu einem regelrechten Großeinsatz der Bundeswehr. In Anspruch genommen wurden drei Minenjagdboote, eine Fregatte (F 124), ein Hafenschlepper und sechs Verbindungsboote. Zudem vier mittlere Transporthubschraubern, ein Großraumrettungshubschrauber, zwei Spürpanzer Fuchs und zehn Spähpanzern des Typs Fennek, vier Eurofighter und acht F-4F Phantom (offiziell zur „Sicherheit im Luftraum" und außerhalb der Amtshilfeersuchen). Des weiteren waren beteiligt: Zwei C-160-Transall-Flugzeuge, ein Such- und Rettungshubschrauber sowie Aufklärungstornados vom Typ PA 200, die in 7 Einsätzen, 14 Flüge vornahmen.[42] Hier drängt sich der Eindruck auf, dass der vom Grundgesetz untersagte, aber insbesondere von konservativen Politikern befürwortete Einsatz der Bundeswehr im Landesinnern durch die Hintertür der „Amtshilfe" scheinlegalisiert wurde. Zudem stellt sich die Frage, ob die globalisierungskritische Protestbewegung mit derlei Maßnahmen nicht auch eingeschüchtert werden sollte. So flog ein Jet „so tief, "dass man die Nieten sehen konnte", wie sich Augenzeugen später erinnerten. Der Jet sei regelrecht auf das Camp niedergestoßen und habe danach in einer scharfen Kurve abgedreht."[43]

---

[42]   Vgl. **Deutscher Bundestag**
Deutscher Bundestag, Drucksache 16/6046, 16. Wahlperiode 11. 07. 2007, Antwort der Bundesregierung auf die Kleine Anfrage der Abgeordneten Ulla Jelpke, Karin Binder, Sevim Dagdelen, weiterer Abgeordneter und der Fraktion DIE LINKE. – Drucksache 16/5698 – Einsatz der Bundeswehr im Inneren anlässlich des G8-Gipfels, S. 3, abgerufen im Internet am 29.05.2008 unter: http://dip.bundestag.de/btd/16/060/1606046.pdf
[43]   **Spiegel.de**
Bundeswehreinsatz – Tornado schoss im Tiefflug Bilder vom G-8-Protestcamp vom 12.06.2007, Internetportal des Magazins Der Spiegel, abgerufen im Internet am 15.08.2008 unter http://www.spiegel.de/politik/deutschland/0,1518,488177,00.html

Fazit:

Es lässt sich also dokumentieren, dass staatliche Institutionen *erstens* ein immer engmaschigeres Netz unterschiedlichster Überwachungsmaßnahmen implementieren und *zweitens* immer häufiger geheimdienstliche und damit rechtsstaatlich unzureichend kontrollierte Ermittlungsmethoden ermöglicht werden. *Drittens* werden grundlegende verfassungsrechtliche Beschränkungen der Staatsgewalt von höchsten politischen Entscheidungsträger in Frage gestellt und von der Exekutive zumindest partiell verletzt. *Viertens* finden sich Indizien dafür, dass die verstärkten staatlichen Überwachungsmaßnahmen nicht nur auf gewaltbereite Islamisten abzielen, sondern auch auf zahlreiche andere Personenkreise, wie etwa Kritiker des fortschreitenden Sozialabbaus in der BRD abzielen.

Wenngleich die verstärkte staatliche Überwachung bei einem Teil der Bevölkerung ein subjektives Gefühl der Sicherheit erzeugen könnte, so bleibt festzuhalten, dass sie aus verfassungsrechtlicher Perspektive häufig überaus fragwürdig erscheint. Zudem dürften die Maßnahmen bei einer relevanten Anzahl der Bürger das Misstrauen gegenüber staatlichen Institutionen eher verstärken denn minimieren. Damit erscheinen sie aber ungeeignet, um jenem zunehmenden Vertrauensverlust breitenwirksam entgegenzuwirken, den das politische System der Bundesrepublik derzeit zu beklagen hat.

Gelangten doch gemäß einer von der Friedrich-Ebert-Stiftung in Auftrag gegebenen repräsentativen Umfrage immerhin 31 % der befragten Bundesbürger zu der Auffassung, dass die Demokratie in Deutschland „weniger gut" funktioniere, 6 % bezeichneten das Funktionieren der Demokratie als „schlecht". Bei den interviewten Arbeitslosen waren es gar 73 %, die mit „weniger gut" oder „schlecht" votierten.[44] Nachdenklich sollten auch die Ergebnisse der Erhebungen aus Ostdeutschland machen. Während in Westdeutschland „nur" drei von zehn der Befragten das Funktionieren der Demokratie kritisch bewerteten, gelangten in den neuen Bundesländern sechs von zehn der Interviewten zu der Einschätzung, dass die Demokratie in Deutschland „weniger gut" oder „schlecht" funktioniere.[45]

Den Bundesbürgern immer neue Misstrauensbekundungen in Form verstärkter Überwachungs- und Kontrollmechanismen entgegenzubringen erscheint insofern heikel. Könnte die Installation eines Präventionsstaates und ein fortschreitendes Schleifen des

---

[44] Vgl. **Friedrich Ebert Stiftung**
Neue Studie der Friedrich Ebert Stiftung (Feldzeit 21.01.2008 – 04.03.2008), S. 9, abgerufen am 20.08.2008 im Internet unter: http://www.fes.de/inhalt/Dokumente_2008/Zusammenfassung_Studie_GPI.pdf
[45] Vgl. Ebd, S.18

Prinzips der Rechtsstaatlichkeit im Bereich der Sicherheitspolitik doch fatalerweise zur Folge haben, dass bei einer wachsenden Anzahl der Bürger jenes subjektive Freiheitsgefühl errodiert, das einen wesentlichen Anteil der moralischen Überlegenheit demokratisch organisierter Staatswesen im Vergleich zu autoritären Regimen ausmacht.

Die Konsequenzen einer derartigen, nicht auszuschließenden Entwicklung könnten für die Funktionsfähigkeit der Demokratie in Deutschland auf lange Sicht verheerend sein. Denn schwindet das Gefühl der Freiheit und der Gewissheit die Mängel unserer Demokratie kritisieren zu können, ohne sogleich staatliche Überwachung oder andere Sanktionen fürchten zu müssen, droht sich eine Dialektik der Selbstzensur zu entfalten. Und dies würde letztlich dazu führen, dass die, für eine demokratische Gesellschaft unumgängliche Kritik politischer Herrschaft immer mehr verstummt. Dem gilt es als mündiger Bürger entgegenzuwirken.

Literaturliste:

Brugger, Winfried
Darf der Staat ausnahmsweise foltern?, in: Der Staat. Zeitschrift für Staatslehre und Verfassungsgeschichte, deutsches und europäisches öffentliches Recht, Nr. 35 (1996), S. 67-97

Brugger, Winfried
Einschränkung des absoluten Folterverbots bei Rettungsfolter ?, in der Zeitschrift der Bundeszentral für politische Bildung „Politik und Zeitgeschichte" Ausgabe Nr.36/2006, abgerufen im Internet am 18.06.2008 unter:
http://www.bpb.de/publikationen/MLOOVS,0,0,Einschr%E4nkung_des_absoluten_Folterver bots_bei_Rettungsfolter.html#art0

Deutscher Bundestag
Deutscher Bundestag, Drucksache 16/6046, 16. Wahlperiode 11. 07. 2007, Antwort der Bundesregierung auf die Kleine Anfrage der Abgeordneten Ulla Jelpke, Karin Binder, Sevim Dagdelen, weiterer Abgeordneter und der Fraktion DIE LINKE. – Drucksache 16/5698 – Einsatz der Bundeswehr im Inneren anlässlich des G8-Gipfels, S. 3, abgerufen im Internet am 29.05.2008 unter: http://dip.bundestag.de/btd/16/060/1606046.pdf

BürgerForum Soziale Marktwirtschaft
Bürgerprogramm Soziale Marktwirtschaft – Ergebnisse einer repräsentativen Bürgerumfrage zu den Vorschlägen des BürgerForums Soziale Marktwirtschaft, S.6, abgerufen am 17.06.2008 im Internet unter: http://www.bertelsmann-stiftung.de/cps/rde/xbcr/SID-0A000F0A-F9EFBB19/bst/xcms_bst_dms_24744_24745_2.pdf

Bundesgerichtshof
Bundesgerichtshof Beschluss StB 34/07 vom 18. Oktober 2007 in dem Ermittlungsverfahren gegen Andrej H. wegen Mitgliedschaft in einer terroristischen Vereinigung, S. 3, abgerufen am 29.05.2008 im Internet unter: http://juris.bundesgerichtshof.de/cgi-bin/rechtsprechung/document.py?Gericht=bgh&Art=pm&Datum=2007&Sort=3&anz=154&p os=0&nr=41487&linked=bes&Blank=1&file=dokument.pdf

Bundesgesetzblatt
Jahrgang 2008, Teil I Nr. 66, ausgegeben zu Bonn am 31.08.2008 - Das „Gesetz zur Abwehr von Gefahren des internationalen Terrorismus durch das Bundeskriminalamt" im Wortlaut, abgerufen im Internet am 14.05.2009 unter:
http://www.bgblportal.de/BGBL/bgbl1f/bgbl108s3083.pdf

Bundesregierung
50 Jahre Bundesnachrichtendienst vom 11.05.2006, abgerufen im Internet am 21.08.2008 auf der Homepage der Bundesregierung unter:
http://www.bundesregierung.de/nn_1498/Content/DE/Rede/2006/05/2006-05-11-50-jahre-bundesnachrichtendienst.html

Bundesverfassungsgericht
BVerfG, 1 BvR 2378/98 vom 3.3.2004, Absatz-Nr. (1 - 373), abgerufen im Internet am 22.08.2008 unter: http://www.bverfg.de/entscheidungen/rs20040303_1bvr237898.html

Das Gupta, Oliver
Streit um Aufgabe der Unschuldsvermutung. „Schäubles Äußerungen erinnern an das alte Rom"- Interview mit Heribert Prantl, geführt von sueddeutsche.de, abgerufen im Internet am 16.04.2008 unter: http://www.sueddeutsche.de/deutschland/artikel/548/110438/

Deutsches Institut für Wirtschaftsforschung
DIW Berlin, 75. Jahrgang, 5. März 2008, Wochenbericht: Schrumpfende Mittelschicht – Anzeichen einer dauerhaften Polarisierung der verfügbaren Einkommen?, abgerufen am 29.05.2008 unter:
http://www.diw-berlin.de/documents/publikationen/73/79586/08-10-1.pdf

FAZ-Net
Innere Sicherheit. Schäuble warnt vor Atom-Anschlag – Internetportal der Frankfurter Allgemeinen Zeitung vom 16.09.2007,, abgerufen im Internet am 14.08.08 unter:http://www.faz.net/s/Rub594835B672714A1DB1A121534F010EE1/Doc~EFDF112A6 54BD40C29D8E8956A788810F~ATpl~Ecommon~Scontent.html

Friedrich Ebert Stiftung
Neue Studie der Friedrich Ebert Stiftung (Feldzeit 21.01.2008 – 04.03.2008), S. 9, abgerufen am 20.08.2008 im Internet unter:
http://www.fes.de/inhalt/Dokumente_2008/Zusammenfassung_Studie_GPI.pdf

Grundgesetz für die Bundesrepublik Deutschland
Grundgesetz für die Bundesrepublik Deutschland. II. Der Bund und die Länder, Artikel 35, Absatz 3, abgerufen im Internet am 29.05.2008 unter:
http://www.bundestag.de/parlament/funktion/gesetze/grundgesetz/gg_02.html

Münchner Merkur
„Bayern ist einfach ein wunderbares Land" – Interview des Münchner Merkur mit Gesine Schwan:, abgerufen im Internet am 15.07.2009 unter: http://www.merkur-online.de/nachrichten/politik/bayern-einfach-wunderbares-land-222258.html

Naumann, Michael
Jeder ist verdächtig. Verfassungsklage gegen neues BKA-Gesetz , in der Wochenzeitung Die ZEIT/ Nr. 18/2009 vom 23.04.2009, abgerufen im Internet am 15.07.2009 unter: http://www.zeit.de/2009/18/BKA-Gesetz?page=all

Neuber, Harald
Schlappe für Berliner Schlapphüte vom 04.02.2008, abgerufen im Internet am 18.04.2008 auf der Internetplattform Telepolis unter http://www.heise.de/tp/r4/artikel/27/27207/1.html

Passauer Neue Presse
„Nur die Spitze des Eisbergs" vom 20.08.2008. SPD-Innenexperte Wiefelspütz im PNP-Interview zu Datenmissbrauch

Prantl, Heribert
Der Terrorist als Gesetzgeber, in NZZ Folio 09/07, abgerufen im Internet am 16.04.2008 unter http://www.nzzfolio.ch/www/d80bd71b-b264-4db4-afd0-277884b93470/showarticle/e96315c4-0cba-4db3-b9f4-c68d4d13f1e9.aspx

Schäfer, Ulrich
Deutsche zweifeln am Kapitalismus, in Süddeutsche Zeitung vom 17.06.2008, S.17

Schwentker, Björn
Aufgebauschte Beweise, in ZEIT online vom 23.08.2007, abgerufen im Internet am 18.04.2008 unter: http://www.zeit.de/online/2007/34/wissenschaft-terrorverdacht-indizien?page=all

Statistisches Bundesamt
Erstmals weniger als 5000 Verkehrstote im Jahr 2007, Pressemitteilung Nr. 071 vom 25.02.2008: abgerufen im Internet am 17.06.2008 unter: http://www.destatis.de/jetspeed/portal/cms/Sites/destatis/Internet/DE/Presse/pm/2008/02/PD0 8__071__46241.psml

Stroebele, Hans-Christian
„Wirksamere Kontrolle der Geheimdienste" vom 06.03.2008, abgerufen im Internet auf der Homepage des MdB am 20.08.2008 unter: http://www.stroebele-online.de/themen/geheimdienste/1107246.html

Ström, Pär
Privatsphäre ist wie Sauerstoff. Der Kampf gegen den Terror darf die Bürgerrechte nicht gefährden, abgedruckt in der Zeitschrift „Das Parlament", Ausgabe 34/2006, abgerufen im Internet am 19.06.2008 unter: http://www.bundestag.de/dasparlament/2006/34-35/Titelseite/002.html

Spiegel.de
Bundeswehreinsatz – Tornado schoss im Tiefflug Bilder vom G-8-Protestcamp vom 12.06.2007, Internetportal des Magazins Der Spiegel, abgerufen im Internet am 15.08.2008 unter http://www.spiegel.de/politik/deutschland/0,1518,488177,00.html

Sueddeutsche.de
Innere Sicherheit. Schäuble lehnt Unschuldsvermutung bei Terrorbekämpfung ab – Internetportal der Süddeutschen Zeitung, abgerufen am 16.04.2008 unter http://www.sueddeutsche.de/deutschland/artikel/485/110375/

Sueddeutsche.de
Streit um die Unschuldsvermutung. „Schäubles Äußerungen erinnern an das alte Rom". Drei Fragen an Heribert Prantl, Internetportal der Süddeutschen Zeitung vom 18.04.2007, abgerufen im Internet am 17.06.2008 unter: http://www.sueddeutsche.de/,tt3m4/deutschland/artikel/548/110438/

Tageszeitung
Interview der Tageszeitung TAZ mit dem FU-Professor Grottian: Zum Staatsfeind stilisiert, vom 12.06.2006, abgerufen im Internet am 18.04.2008 unter: http://www.taz.de/index.php?id=archivseite&dig=2006/06/12/a0107

Unabhängiges Landeszentrum für Datenschutz Schleswig-Holstein
Tätigkeitsbericht 2008 des Unabhängigen Landeszentrums für Datenschutz Schleswig-Holstein, abgerufen im Internet am 22.08.2008 unter: https://www.datenschutzzentrum.de/material/tb/tb30/tb30.pdf

Weiland, Severin
Bundeswehrprofessor räsoniert über Vorzüge der Folter, aufgerufen auf dem Internetportal des Magazin Der Spiegel vom 11.05.2004, abgerufen im Internet am 22.08.2008 unter: http://www.spiegel.de/politik/deutschland/0,1518,299381,00.html

Wesel, Uwe
Das Fiasko des Strafrechts, Die ZEIT vom 01.12.2005, Nr.49, abgerufen im Internet am 17.06.2008 unter: http://www.zeit.de/2005/49/A-Thomasius_neu?page=all

ZEIT-Online
Rechtswidrige Überwachung, Interneportal der Wochenzeitung Die ZEIT vom 17.01.2008, abgerufen im Internet am 16.04.2008 unter http://www.zeit.de/online/2008/04/urteil-klage-ramelow

ZEIT-Online
Das Ende der kritischen Wissenschaft. Interview mit dem ehemaligen Doktorvater von Andrej Holm, Prof. Hartmut Häußermann, Interneportal der Wochenzeitung Die ZEIT vom 21.08.2008 abgerufen im Internet am 26.04.2008 unter: http://www.zeit.de/online/2007/34/wissenschaft-terrorverdacht-andrej?page=all

BEI GRIN MACHT SICH IHR WISSEN BEZAHLT

- Wir veröffentlichen Ihre Hausarbeit, Bachelor- und Masterarbeit

- Ihr eigenes eBook und Buch - weltweit in allen wichtigen Shops

- Verdienen Sie an jedem Verkauf

Jetzt bei www.GRIN.com hochladen und kostenlos publizieren